AF356920

RÉPUBLIQUE DU PARAGUAY.

NOTICE STATISTIQUE

ET

CATALOGUE.

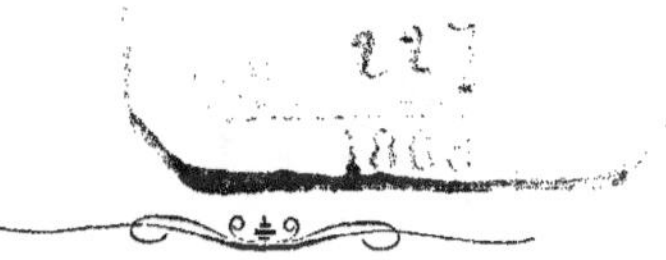

PARIS,

IMPRIMERIE DE Mme VEUVE BOUCHARD-HUZARD

RUE DE L'ÉPERON, 5.

1867

RÉPUBLIQUE DU PARAGUAY.

NOTICE STATISTIQUE.

TERRITOIRE.

Le Paraguay est un vaste territoire situé vers le centre de l'Amérique du Sud et divisé en deux sections distinctes : 1° le Paraguay proprement dit ; 2° les territoires contestés.

Le Paraguay proprement dit présente à peu près la forme d'un parallélogramme orienté du nord au sud dans le sens de son plus grand axe. Le côté de l'est est formé par le Rio Paraná, qui apporte dans le bassin de la Plata les eaux brésiliennes du versant S. E. de la Sierra dos Vertentes, ainsi que du versant O. de la Sierra Mantequeira et de la Sierra do Mar. La frontière sud est formée par la même rivière. Le côté de l'ouest est représenté par le Rio Paraguay dont les eaux recueillies dans les vastes solitudes de la province de Mato-Grosso, dans le Brésil, vont se joindre à celles du Paraná dans lequel elles se déversent à Tres-Bocas, à 20 kilomètres en aval du petit fortin désormais célèbre de Curupaïty. Le côté nord est formé par une ligne ondulée qui part du Rio Paraguay par 21° de lat. S., suit le cours d'un affluent de cette rivière, le Rio Blanco, jusqu'à 20° 5′ lat. S. et redescend vers le Paraná jusqu'à 22° 19′ en suivant le cours du Rio Ygurey, ou Yaguary (Ivinheima des Brésiliens).

Les points astronomiques extrêmes de cet espace sont : au N. le point où la frontière coupe le Rio de Miranda par 20° 5′ lat. S.; à l'O. l'embouchure du Rio Ivinheima dans le Paraguay, par 53° 32′ long. O.; au S. et à l'O. l'embouchure du Rio Paraguay dans le Rio Paraná, par 27° 20′ lat. S. et 60° 50′ long. O.

2° Les territoires contestés sont au nombre de deux : le territoire du Grand Chaco et le territoire des Missions.

Le *territoire du Grand Chaco* ou *territoire indien* s'étend à l'O. sur la rive droite du Paraguay depuis le confluent des fleuves Paraná et Paraguay à Tres-Bocas, par 26° 51′ lat. S. jusqu'à 20° lat. S. vers le nord et jusqu'à la frontière de la Bolivie.

Le *territoire des Missions* s'étend au S. E. sur la rive gauche du Paraná, depuis Candelaria au S. jusqu'au Rio Grande de Curitiba ou Yguazu au nord. Il est borné à l'O. par le Paraná et au S. E. par la Cordillera de las Misiones qui sépare le bassin du Paraná de celui de l'Uruguay.

Les droits du Paraguay sur le territoire du Chaco ont été reconnus par le traité de 1852, qui attribuait le territoire des Missions à la Confédération Argentine. Ce dernier État n'ayant point ratifié ce traité, le gouvernement du Paraguay maintient énergiquement ses droits à la possession des deux territoires susdits.

Ces observations étant posées, le Paraguay se trouve avoir pour voisins, à l'est et au nord, le Brésil; à l'Ouest, la Bolivie et la Confédération Argentine; au sud et au sud-est cette même Confédération.

Les limites se trouvent être alors : au S., le Rio Paraná; au

S. E., la Cordillera de las Missiones; à l'E., le Rio San Antonio Mini, le Rio Grande de Curitiba et le Rio Paraná; au N., le Rio Yaguary ou Ivinheima, la ligne de partage des eaux entre le bassin du Rio Pardo et celui du Mbotetey jusqu'à 20° 5' de lat. S., puis sur la rive gauche du Mbotetey, les ramifications du Cerro Nabiteque et le Rio Blanco jusqu'au Paraguay. La ligne frontière franchit alors cette rivière, se prolonge au N. O. et à l'O. vers la Bolivie, sans avoir une direction parfaitement déterminée, et revient par le S. O., en traversant le Rio Vermejo, s'arrêter au confluent du Paraguay et du Paraná.

Nous avons suivi pour le tracé de ces limites 1° la carte de M. du Graty, publiée dans son ouvrage intitulé : *la République du Paraguay*, et reproduite dans l'ouvrage de M. Poucel, *le Paraguay moderne*, Marseille, 1867; 2° la carte de M. de Mouchez, de la marine française.

L'espace compris dans ces limites renferme une superficie d'environ 30,000 lieues carrées.

GÉOGRAPHIE PHYSIQUE.

DIVISIONS NATURELLES ET OROGRAPHIE.

Les grandes divisions que nous avons établies au commencement de cette notice se trouvent parfaitement d'accord avec la nature des lieux, et chacune d'elles présente un aspect qui lui est propre.

Le Paraguay proprement dit, resserré entre deux puissantes rivières, présente, vers leur confluent, tous les caractères des régions mésopotamiques. Là s'étendent des plaines basses couvertes de vastes lagunes marécageuses (*esteros*), qui se retrouvent en remontant vers le nord jusque vers Rosario, par 24° 3' lat. S. Ce sont, au S., vers le delta du Paraguay, les *esteros Bellaco* et *Neembucu*, plus haut les *esteros Camba* et *Ypecua;* enfin, vers le nord, l'*estero Aguaracati* et quelques autres *esteros* sans importance. Deux lacs, la *laguna Ypoa* et la *laguna Ypacaray*, complètent la nomenclature des eaux dormantes du Paraguay; mais

la région basse qui les contient ne forme qu'une ceinture autour
d'une région heureusement accidentée. Le pays est, en effet,
traversé du N. au S., jusqu'à la pointe d'Ytapua, par une cor-
dillère qui porte, vers le N., le nom de *Cordillera de Amanbay*
ou *de Maracayu* et, vers le S., celui de *Cordillera de Caaguazu.*
Des flancs de cette longue chaîne se détachent une quantité de
rameaux secondaires qui déterminent de tous côtés des reliefs
agréables à la vue et favorables aux bonnes conditions climatériques de la contrée. A la hauteur de l'Assomption, les collines
forment un groupe central qui s'avance jusqu'au bord du Rio
Paraguay. De cette manière le pays présente un climat d'une
salubrité rare ; le printemps éternel des tropiques sourit à la
végétation, qui s'épanouit avec exubérance à la surface d'un sol
toujours prêt à produire. L'air vif de la montagne excite l'activité
de l'habitant de ces contrées et lui communique une énergie que
l'on ne retrouve guère ailleurs dans l'Amérique du Sud.

Si, du Paraguay proprement dit, nous passons au *territoire
du Chaco*, nous retrouvons là, au contraire, sous le nom de *Llanos
de Manso*, ces immenses plaines des *Pampas* argentines qui
s'étendent jusqu'au pied des Andes à l'O., au N. jusque dans la
Bolivie et dans les provinces brésiliennes et au S. jusqu'au fond
de la Patagonie.

La hauteur moyenne de la plaine du Chaco au-dessus du niveau de la mer ne paraît pas excéder 120 à 130 mètres; c'est la
moins élevée de la région Pampéenne. Elle s'élève seulement
jusqu'à 300 mètres aux sources du Rio Paraguay, mais elle descend à 80° dans la région des Salines, vaste dépression à lagunes
salées qui s'étend sur une partie des provinces occidentales de la
Confédération Argentine. Il résulte de ces conditions que le
Chaco présente, plus que toute autre région, des lagunes, des
esteros et des terrains inondés sur le bord des cours d'eau qui le
traversent, tels que le Paraguay, le Rio Pilcomayo, le Rio Vermejo, etc.

Le territoire des Missions forme une bande de terre resserrée
entre les hauteurs de la Cordillera de las Misiones et le Rio
Parana. Jouissant d'un sol riche en humus, d'un arrosage qu'il doit

à de nombreux cours d'eau qui prennent leur source dans les montagnes, il est d'une fertilité extrême et présente les terrains les plus favorables à la croissance des essences forestières ainsi que de la *Yerba maté.*

CLIMAT.

Dans le Paraguay proprement dit, le climat est chaud et humide sur le bord des rivières et dans le voisinage des *esteros;* mais, à mesure que l'on s'élève dans l'intérieur, le climat devient plus doux; un air vif et sain y entretient des conditions de salubrité si parfaites, que l'on a pu comparer, sans s'éloigner de la vérité, le climat du Paraguay à celui des îles Canaries.

Dans le Chaco, la température devient celle des régions tropicales, mais elle est modérée par l'humidité qui résulte des pluies abondantes du versant oriental des Andes, ainsi que du voisinage des *esteros* et des plaines inondées. Cet état du sol amène une évaporation très-considérable, des nuits très-fraîches et, parfois même, des gelées blanches assez fortes.

Le territoire des Missions jouit d'un climat plus sain. Les chaleurs estivales y sont tempérées par une aération constante et surtout par les vents du sud. La température ne s'y élève que rarement au-dessus de 38 degrés. Une ventilation salutaire, un arrosage abondant par des cours d'eaux vives, un sol riche et accidenté, toutes ces conditions se réunissent pour garantir à ce pays les conditions climatériques les plus favorables au développement de la vie organique, soit animale soit végétale.

HYDROGRAPHIE.

Le Paraguay est le seul État de l'Amérique qui soit entièrement continental et qui n'ait aucun point de contact avec la mer. Toutefois, sa situation fortement assise entre deux puissants cours d'eau le destine à être un jour l'entrepôt central de tout le commerce des immenses régions comprises dans le bassin supérieur des affluents du Rio de la Plata, depuis la Bolivie et le centre du Brésil, par le 12° degré latitude S. jusqu'au 27° degré;

c'est-à-dire sur une étendue de 15 degrés en latitude et de 15 à 20 degrés en longitude.

Les deux grands cours d'eau qui procurent ces avantages à la République du Paraguay sont le Paraguay et le Paraná.

Le PARAGUAY prend sa source au lieu appelé *las Siete Lagunas*, au Brésil, par 13° 30′ lat. S. et 59° 20′ long. O., dans une plaine de 300 mètres d'élévation, qui envoie ses eaux, d'un côté vers l'Amazone, de l'autre vers la Plata, de sorte qu'il sera facile d'établir des communications entre les deux bassins, lorsque les besoins du commerce en feront sentir l'utilité. De ce point initial, le Paraguay descend vers le Sud, en traversant la province de Mato-Grosso, passe à Albuquerque ou Corumba jusqu'où remontent les goëlettes; arrose San-Salvador, Concepcion, Assomption, capitale du Paraguay, Villa-Franca, Villa-Oliva, Néembucu, Humaïta, Curupaïty, et se réunit au Paraná au point appelé Tres-Bocas, par 27° 20′ lat. S. et 60° 50′ long. O., après un cours d'environ 600 lieues.

Ses affluents principaux, à la hauteur de l'État même du Paraguay, sont, à gauche : le Rio Blanco, le Rio Apa, l'Aquidaban, l'Ipané, le Jejuy, le Tapiracuay, le Manduvira, le Salado, le Tebicuary, etc.; à droite, le Rio Pilcomayo et le Rio Vermejo qui traversent les immenses plaines du Chaco.

Le Rio Pilcomayo prend sa source dans la Bolivie au-dessus de Potosi et vient se jeter dans le Paraguay, vis-à-vis l'Assomption, après un cours de 500 lieues, la plupart du temps navigable, mais non sans difficultés.

Le Rio Vermejo prend sa source dans le même pays, au-dessus de Tarija, et se jette dans le Paraguay vers la hauteur de *Villa del Pilar*, après un cours de 300 lieues, il est navigable jusqu'à Oran à 227 lieues de son embouchure et est ainsi destiné à devenir la principale voie commerciale par eau, pour les provinces qui avoisinent les Andes.

Le PARANA prend sa source au Brésil, près de la ville de Goyaz, par 16° 30′ de lat. S., sous le nom de Corumba. Il prend celui de Paraná 150 lieues plus bas, à sa jonction avec le Rio Grande. Il se dirige alors vers le S. O. et le Sud, commence à former la li-

mite du Paraguay, au point où il reçoit le Rio Jaguarey ou Ivinheima et descend jusqu'à l'île de *Salto Grande,* qu'il entoure de
deux bras majestueux. Quand il réunit ensuite ses eaux dans un
même lit, il n'a pas moins de 4,200 mètres de largeur; puis, tout
à coup, il se resserre dans un étroit encaissement de 60 mètres,
et se précipite de 17 mètres de hauteur perpendiculaire, en for-
mant une des cataractes les plus imposantes que l'on connaisse.
Il poursuit de là tranquillement son cours dans un pays charmant,
au milieu des collines boisées du Paraguay et du territoire des
Missions, jusque vers Encarnacion (autrefois Itapua). Il fait alors
un brusque détour vers l'O. et s'étend pendant 80 lieues dans une
région basse où son lit est semé d'îles, jusqu'à ce qu'il arrive à sa
jonction avec le Paraguay. Puis il se dirige de nouveau vers le
Sud, passe à la ville de Corrientes, où il commence à être acces-
sible aux grands vaisseaux, et il poursuit son cours jusqu'à San-
Pedro, où il forme, avec l'Uruguay, le vaste estuaire du Rio de la
Plata. Il parcourt ainsi un espace qui n'est pas moindre de
4,500 kilomètres, et son bassin comprend environ 170,000 lieues
carrées. Les principaux affluents du Paraná sont le Rio Ivinheima, qui forme la limite du Paraguay au N. E., le Rio Paraná-
Panemá et, enfin, le Rio Yguazú ou Rio Grande de Curitiba qui
sépare du Brésil le territoire des Missions.

VOIES DE COMMUNICATION.

Les principales voies de communication sont les rivières navi-
gables. Les deux grands fleuves qui embrassent le Paraguay
permettent à l'importation et à l'exportation de se faire avec la
plus grande facilité. Les goëlettes et les bateaux à vapeur remontent jusqu'à Albuquerque, dans le Brésil, à 600 lieues de
Buenos-Ayres, et les embarcations d'un faible tirant d'eau peuvent
remonter jusqu'à Villa-Maria, qui est à la même distance du
confluent du Paraguay et du Paraná. L'Assomption se trouve,
par conséquent, dans les conditions d'un véritable port de mer.
Les navires construits dans cette localité, avec les excellents bois

du Paraguay, peuvent être lancés dans la rivière et se rendre directement dans les ports du monde entier.

L'Assomption est mise en rapport avec l'intérieur au moyen d'un chemin de fer qui doit s'avancer jusqu'à Villa-Rica, au centre même du pays.

Des routes et des chemins établissent des communications faciles entre tous les points importants du territoire.

HISTOIRE.

Le Paraguay a été découvert, le **28** mars **1528**, par Sébastian-Gaboto, hardi navigateur, né à Venise, élevé en Angleterre, et qui était, à ce moment, au service de l'Espagne. Il fut conquis, en partie, dans l'année **1537**, par don Pèdre de Mendoza, d'après les ordres de Charles-Quint. Nuflo-Chaves y introduisit, en **1550**, des chèvres et des brebis qu'il amenait avec lui du Pérou, trois ans avant que les frères Goës amenassent dans le bassin de la Plata huit vaches et un taureau, qui formèrent la souche de tout le bétail répandu aujourd'hui dans la région platéenne. Vers l'an **1580**, les jésuites furent appelés au Paraguay, afin d'exercer leur ministère dans des bourgades fondées aux environs de la grande cataracte du Paraná et au milieu des Indiens Guaranis. Ceux-ci se prêtèrent à l'instruction et à la direction qui leur étaient données ; ils étaient alors distribués dans des *encomiendas* (commanderies) soumises aux colons espagnols appelés *pobladores*. Les Indiens eux-mêmes étaient appelés *yanaconas* (serfs), et devaient se soumettre d'une manière absolue à la volonté de leurs maîtres. Les jésuites délivrèrent peu à peu les Guaranis de ce servage et obtinrent qu'il fût remplacé par une capitation payée au trésor espagnol. Le cabinet de Madrid soutint les religieux dans cette entreprise. Ceux-ci étendirent peu à peu leur action dans tout le Paraguay et dans les régions voisines, et ils formèrent ainsi ces nombreux établissements connus sous le nom de *réductions* et qui offrent un des phénomènes les plus remarquables de l'histoire du monde.

En 1758, les jésuites furent expulsés de l'Espagne; dix ans plus tard, ils le furent du Paraguay, et les réductions passèrent sous les ordres de commandants séculiers.

En 1811, le Paraguay revendiqua son indépendance sous le gouverneur don Bernard de Velasco; mais il tomba aux mains de Francia, qui s'appliqua, en qualité de dictateur, à isoler son pays du monde entier et qui maintint cette politique depuis 1814 jusqu'à 1840. A ce système, don Carlos Lopez, appelé à la présidence en 1844, fit succéder un régime libéral et civilisateur destiné à faire marcher le Paraguay dans la voie de tous les progrès. La chute de Rosas, dictateur de Buenos-Ayres en 1852, amena l'ouverture des fleuves devant le commerce du Paraguay, et, depuis la mort de Lopez, survenue en 1862, son fils, le président actuel, D. Francisco Solano Lopez, a continué à provoquer le mouvement progressif du pays; malheureusement ce mouvement se trouve entravé par la guerre déplorable que le Paraguay est obligé de soutenir depuis trois ans contre ses voisins, guerre dans laquelle il a fait voir, du reste, tout ce qu'il y avait d'énergie dans ses enfants et de force dans son organisation.

DIVISIONS ADMINISTRATIVES. — VILLES, ETC.

Le Paraguay est divisé en vingt-cinq départements. Les villes principales sont :

L'Assomption, capitale, divisée en six districts ou paroisses qui renferment 48,000 habitants. Cette ville, bâtie sur la rive gauche du Paraguay, au pied d'une montagne boisée, possède des quais, un hôpital, un théâtre, des écoles, un arsenal et des docks. Elle est l'entrepôt du commerce du Paraguay, tant en amont qu'en aval du fleuve sur lequel elle est construite, et elle est destinée à devenir celui de toutes les provinces argentines et boliviennes du versant oriental des Andes, au moyen des communications que lui assurent le Rio Pilcomayo et le Rio Vermejo.

Villa-Rica, centre des plantations de tabac, à 40 lieues de

la capitale, doit être reliée avec l'Assomption au moyen d'un chemin de fer dont on a déjà construit **72** kilomètres.

Concepcion, bourg important par ses carrières de pierre à chaux et ses *yerbales*.

Villa del Pilar (anciennement Neembucú), autrefois le port unique du Paraguay.

Humaïta, place fortifiée située sur un coude du Paraguay, qui est resserré en cet endroit dans un canal de **200** mètres de largeur, protégé par une série de batteries d'environ **300** canons.

Curupaïty, poste qui défend le fleuve un peu plus bas et dont le nom est devenu célèbre dans ces derniers temps.

POPULATION.

Le Paraguay possède environ **1,300,000** habitants répartis sur un espace de **2,500** lieues carrées, ce qui donne une population spécifique de **52** habitants par lieue carrée. Les éléments de la population sont presque tous Espagnols ou Indiens, la politique d'isolement du Paraguay ayant tenu à l'écart pendant fort longtemps l'émigration européenne. Quant aux Indiens, ils sont pour la plupart de la race guaranie; ils sont distribués en une quantité de tribus dont les principales sont celles des Payaguas, des Xarayes, des Orejones, des Guatos, des Tobas, des Lenguas, des Mbayas, des Guaycurus, etc. La plupart des tribus de race guaranie sont d'un caractère doux et sociable; il faut faire exception pour certaines hordes qui errent dans le Chaco. Le nom de *Guaranis* ne s'emploie plus que pour désigner les Indiens civilisés du Paraguay, déclarés citoyens de la République en **1848**.

La langue des Guaranis, mêlée de mots espagnols, se parle depuis les bords de l'Orénoque jusqu'aux extrémités du bassin de la Plata; aussi lui a-t-on donné le nom de *langue générale*.

FORCES PRODUCTIVES. — AGRICULTURE.

Une statistique agricole publiée en **1864,** par le ministère paraguayen, présente les détails suivants sur les principales cultures du pays. Les superficies sont évaluées en linos; un lino = 100 varas de 0m,838. A cette époque, la République renfermait 26,341,067 linos cultivés en tabac, coton, maïs, manioc, canne à sucre, haricots, fèves, alberjas, blé, riz, avoine, oignon, etc.; elle possédait 4,166,979 linos cultivés en arbres fruitiers : orangers, citronniers, pêchers, poiriers, pommiers, pinas, jacobas.

Parmi ces produits, le tabac est le plus important, on obtient trois récoltes dans la même saison; c'est la ville de Villa-Rica qui est le centre de la production et du commerce de cet article important. On calcule qu'un hectare de terrain planté en tabac donne un revenu annuel net de 7 à 1200 francs, en supposant que le produit se vende au prix moyen de 8 fr. 65 c. les 25 livres. Le Paraguay produit environ 15,000,000 de livres de tabac.

La canne à sucre, dont les plantations durent dix à onze ans sans avoir besoin d'être irriguées, donne aussi de très-beaux résultats; un hectare de canne donne en moyenne 400 à 600 *azumbres* de mélasse, du poids de 32 livres; le prix varie de 3 fr. 25 c. à 10 fr. 75 c. l'*azumbre*.

Le riz produit 200 à 250 pour 1.

Le maïs produit 150 à 180 pour 1.

Le manioc forme la base de l'alimentation de la plus grande partie des habitants.

Voici comment sont réparties les principales productions :

Total du maïs semé.	11,969,191	linos.
— du manioc.	5,366,122	—
— du coton.	1,510,309	—
— du tabac.	1,413,977	—
— de la canne à sucre.	1,254,373	—

Parmi les arbres fruitiers, ce sont les orangers dont la culture a le plus d'importance; l'arbre commence à produire à quatre ou cinq ans, et chaque sujet rapporte 6 à 8 francs par an. On exporte annuellement plus de 10 millions d'oranges, qui se vendent de 25 à 50 francs le mille.

Le coton croît spontanément au Paraguay, et sa culture est destinée à y prendre de grands développements, lorsqu'il sera possible d'y cultiver en paix les sortes les plus estimées par le commerce. Des échantillons envoyés dans les pays manufacturiers, depuis la crise cotonnière qui a résulté des événements américains, ont été classés avec faveur sur les marchés européens. Les terrains de propriété publique destinés aux diverses cultures dont nous venons de parler se vendent **25,920** francs la lieue carrée, soit un peu moins de **15** francs l'hectare ; ceux qui sont destinés simplement à l'élevage des bestiaux se vendent **7,775** francs la lieue carrée.

Les salaires des ouvriers cultivateurs varient de **17** à **24** francs par mois en plus de la nourriture.

Outre les produits que nous avons cités comme étant spécialement l'objet de l'exploitation agricole paraguayenne, nous indiquerons encore certains végétaux dont la culture réussit parfaitement dans la région qui nous occupe et deviendra, probablement plus tard, l'objet d'une attention sérieuse. Ce sont : le café, l'indigo, les plantes légumineuses alimentaires et diverses plantes tinctoriales peu connues, telles que l'*Yribu–Retima*, qui remplace avantageusement l'indigo ; la *Mbuime*, qui fournit une belle teinture jaune, etc. Les forêts du Paraguay sont plantées d'une quantité d'arbres d'essences variées, qui possèdent des qualités hautement appréciées par les constructeurs et par tous les corps de métiers qui travaillent le bois ; les collections exposées et les notes que nous donnons au catalogue peuvent faire juger de la richesse des forêts paraguayennes.

Mais, en dehors des richesses agricoles et des richesses forestières que nous avons énumérées, le Paraguay possède une plante qui participe à la fois des caractères des plantes cultivées et des plantes à végétation spontanée : c'est le Maté ou *Yerba-Mate*, une sorte de houx (*ilex paraguayensis*), douée de propriétés toniques et stimulantes, et qui remplace le thé dans l'Amérique du Sud. Cette plante, originaire du Paraguay, constitue de véritables forêts, appelées *Yerbales*, dans le centre et dans les régions E. et N. de la République. Les Jésuites avaient fait faire, en outre, de vastes plantations de cette espèce végétale autour des réductions, et elle est restée, jusqu'à ce jour, le principal article de commerce du pays ; aussi était-elle appelée par les

indigènes *la plante* par excellence, *yerba* en espagnol, *caa* en
guarani. La récolte du maté s'élève à un chiffre annuel de **2** à
2 1/2 millions de kilog., qui représentent une valeur de **3 1/2** à
4 1/2 millions de francs.

PRODUITS DU RÈGNE ANIMAL.

On élève des bœufs, des chevaux et des moutons dans le Paraguay, et surtout dans de grands pâturages qui s'étendent au delà
du massif de l'Assomption; mais cette branche d'industrie n'est
pas poussée aussi loin que dans l'Uruguay et dans la Confédération Argentine. Toutefois, le Paraguay est en mesure d'exporter
une assez grande quantité de peaux et de cuirs. Il a encore une
autre ressource dans les fourrures des animaux sauvages. Don
Félix d'Azara, dans ses excellents essais sur l'histoire naturelle
des quadrupèdes de la province du Paraguay, énumère et décrit
jusqu'à **70** espèces; voici la liste des principales :

Noms français.	Noms scientifiques.	Noms guaranis.
Tapir ou anta,	Tapir americanus, L.,	Mborebi.
Sanglier, pécari,	Sus tajasus, L.,	Couré, Tayazou.
Cerf (4 espèces),	Cervus...	Gouazou.
Fourmilier-tamanoir,	Myrmecophaga jubata, L.,	Gnouroumi ou Yo-gouy.
Fourmilier-tamanoir,	Myrmecophaga tamandua, C.,	Cagouaré.
Jaguar,	Felis onça, L.,	Yaguarété.
Cougouar,	Felis discolor, L.,	Gouazouara.
Ocelot,	Felis pardalis, L.,	Chibigouazou.
Furet (3 espèces),	Viverra, Mustela, L.,	Yagouapé.
Sarigue (6 espèces),	Didelphis...	Micouré.
Renard (3 espèces),	Canis...	Agouara.
Loutre,	Lutris brasiliensis, L.,	—
Cabiai,	Cavilla capyra, L.,	Capiygoua.
Agouti,	Cavilla acouti, L.,	Agouti.
Cochon d'Inde,	Cavilla cabaya, L.,	Aperea.

Noms français.	Noms scientifiques.	Noms guaranis.
Rat (7 espèces),	Mus...,	Angouya.
Tatou (8 espèces).	—	Tatou.
Singe (4 espèces).	—	—
Chauve-souris (12 espèces).	—	Mbopi.

La plupart de ces animaux donnent des fourrures estimées.

Parmi les reptiles, nous citerons les couleuvres, les boas, quelques vipères, le caïman ou yacaré, les iguanes et les caméléons.

Les belles forêts paraguayennes sont animées par des oiseaux nombreux, variés dans leur chant comme dans leur plumage, et parmi lesquels se distinguent surtout les pigeons et les perroquets. Les aigles et les vautours planent au-dessus des montagnes, et le gibier aquatique trouve une nourriture abondante sur les bords marécageux des *Esteros*.

Les rivières ne sont pas moins riches que les forêts, et la vie animale se développe largement dans leurs tièdes courants. Les trois espèces de poissons les plus estimées des gourmets sont le *Dorado*, beau poisson aux écailles dorées, qui pèse jusqu'à 20 kilogrammes et qui ressemble à la carpe; le *Surubi*, espèce analogue à l'esturgeon et dont la chair est excellente; le *Pacu*, voisin du saumon, dont il atteint les dimensions. A la suite de ces espèces, viennent une foule d'autres, telles que les *Sabalos*, sorte de grandes aloses; le *Peje-Rey*, qui ressemble à l'éperlan; les *Bogas*, les *Palis*, les *Armados*, etc.

Le Rio Vermejo est tellement riche en poisson, que des spéculateurs d'Oran ont établi sur ses bords une salerie et une sècherie de poissons, qui leur rapportent de beaux bénéfices.

Les insectes utiles ou nuisibles, suivant leurs mœurs, sont les fourmis et les sauterelles, qui causent d'assez grands dommages; les abeilles, qui fournissent une assez forte quantité de miel et de cire à l'exportation; la cochenille, dont la culture serait susceptible d'un grand développement ; enfin les scarabées aux reflets métalliques et les papillons à la riche parure, qui sont à ces insectes plus humbles mais plus utiles, ce que les fleurs sont aux fruits dans le règne végétal.

PRODUITS MINÉRAUX.

Le Paraguay, moins riche que les régions andiennes en produits minéraux et surtout en métaux précieux, possède néanmoins, sous ce rapport, tout ce qui peut suffire à un grand développement industriel. Le fer et le cuivre y sont représentés par des minerais abondants, exploités dans quelques usines particulières et surtout dans celles du gouvernement. Les grès et les quartzites, utiles pour la construction et le pavage, s'y trouvent en mainte localité; il en est de même des argiles, qui servent à la fabrication des briques; enfin les collines voisines du Rio Paraguay renferment des masses considérables de carbonate de chaux employé pour la fabrication de la chaux elle-même, et des marbres nombreux et variés offrent à l'art et à l'industrie des ressources inépuisables.

INDUSTRIE.

Le Paraguay, comme tous les pays neufs, est essentiellement un pays de production plutôt que d'industrie manufacturière; néanmoins on y fabrique du sucre, du rhum, de la farine de manioc et des tissus de laine et de coton. On trouve aussi, dans le pays, de nombreuses tanneries et des manufactures de tabacs. On prépare, en outre, dans le Paraguay, du sel, de la colle et des briques pour la consommation intérieure; mais les branches industrielles les plus importantes sont : l'élève du bétail, le commerce des peaux, l'exploitation des forêts et les cultures diverses dont nous avons déjà parlé à l'article AGRICULTURE.

COMMERCE.

Afin de donner une idée aussi exacte que possible du commerce du Paraguay, nous reproduirons ici la statistique du mouvement commercial du port de l'Assomption pendant les trois années qui ont précédé la guerre, c'est-à-dire en **1861, 1862** et **1863.**

ANNÉE 1861.

		Valeurs.
IMPORTATION. — Tissus de coton.		1,648,000 fr.
— de laine.		685,000
— de lin et chanvre.		888,000
Vins, liqueurs et autres boissons.		371,000
Soieries et modes.		263,000
Quincaillerie.		70,000
Vêtements et chapeaux.		201,000
Autres articles.		1,441,000
TOTAL.		5,567,000 fr.

	Quantités.	Valeurs.
EXPORTATION. — Maté ou herbe du Paraguay.. . . . kilog.	2,633,000	3,219,000 fr.
Tabac brut. . . . —	1,915,000	1,899,000
Cuirs bruts. . . . . —	591,000	818,000
Cuirs tannés.. . . pièces	5,600	154,000
Bois.. . . . . . . stères	20,900	110,000
Cigares.. . . . . . pièces	5,246,000	97,000
Autres produits	»	425,000
TOTAL.		6,722,000 fr.

ANNÉE 1862.

		Valeurs.
IMPORTATION. — Tissus de coton.		1,795,000 fr.
— de fil.		767,000
— de laine.		1,081,000
Liquides.		433,000
Chapeaux, effets.		107,000
Quincaillerie.		67,000
Modes et soieries.		182,000
TOTAL.		4,432,000 fr.

		Quantités.	Valeurs.
EXPORTATION. — Maté	kilog.	2,215,000	3,385,000 fr.
Tabac brut	—	3,719,000	4,511,000
Cigares	pièces	3,952,000	49,000
Cuirs bruts	kilog.	617,000	770,000
— tannés	nomb.	8,000	235,000
Bois	stères	22,000	113,000
	TOTAL		9,063,000 fr.

ANNÉE 1863.

	Valeurs.
IMPORTATION. — Tissus de coton	1,828,000 fr.
— de fil	1,080,000
— de laine	766,000
Liquides	399,000
Chapeaux, effets	165,000
Qnincaillerie	234,000
Modes et soieries	194,000
TOTAL	4,666,000 fr.

		Quantités.	Valeurs.
EXPORTATION. — Maté	kilog.	2,181,000	4,764,000 fr.
Tabac brut	—	2,080,000	2,674,000
Cigares	pièces	3,957,000	47,000
Cuirs bruts	kilog.	445,000	508,000
— tannés	pièces	4,000	100,,00
Bois	stères	24,000	127,000
	TOTAL		8,220,000 fr.

Il faut observer que dans le chiffre des importations ne sont pas comprises les quantités importées pour le compte du gouvernement et affectées à la marine, à l'armée et aux constructions civiles; ces importations ne payent pas les droits de douane et échappent, par conséquent, aux évaluations qui reposent sur cette base. Elles représentent une valeur annuelle d'environ 3 millions de francs qui, en s'ajoutant aux évaluations données ci-dessus, balancent le total des exportations. Le port de l'Assomption étant le seul port commercial du Paraguay et l'entrepôt général de toutes ses marchandises, les quantités données ci-dessus peuvent être considérées comme représentant à peu près la totalité du commerce du Paraguay. Nous ajouterons aux tableaux que nous avons déjà donnés, celui de la navigation durant la même période.

ANNÉE 1861.

Entrées et sorties. . 403 navires. 14,528 tonneaux.

ANNÉE 1862.

Entrées. . . . . 241 navires. 9,344 tonneaux.
Sorties.. 237   —   9,273   —

ANNÉE 1863.

Entrées. . . . . 180 navires. 11,693 tonneaux.
Sorties. 184   —   11,658   —

Il résulte des données ci-dessus que le mouvement commercial de l'Assomption peut être évalué, en moyenne, de **15** à **16** millions de francs.

REVENUS.

Les revenus de l'État se composent de divers éléments qui sont : 1º les droits de douane ; 2º le produit de la location ou du rendement d'un grand nombre d'établissements ruraux qui constituent le domaine de l'État ; 3º le monopole de la Yerba-Maté. Ces divers produits constituent un revenu d'environ **15** millions de francs. L'État n'a pas de dettes, et, avant la guerre, il avait, au contraire, une forte réserve en caisse.

ARMÉE.

L'armée permanente se composait, avant la guerre, de **12,000** hommes bien armés et bien exercés ; la réserve com-

prenait environ 45,000 vétérans, et les milices des départements
formaient une sorte de landwehr qui s'élevait à un total d'environ
60,000 hommes. L'organisation militaire du pays, plus complète
que celle d'aucune autre république hispano-américaine, com-
prenait également de nombreux approvisionnements de poudre,
de munitions de toutes sortes, d'armes et d'équipements pour
tous les corps enrégimentés. L'État possède, en outre, dans ses
nombreuses *estancias*, une grande quantité de chevaux pour la re-
monte de la cavalerie, des bœufs, des moutons, des grains de
toute espèce, qui pourraient, au besoin, servir à l'alimentation de
l'armée.

La nécessité où s'est trouvé le Paraguay de s'armer pour faire
respecter et consolider son indépendance tendait à faire de cette
République un État militaire. Les derniers événements qui l'ont
éprouvée nous ont montré toute la force de son organisation et
les ressources qu'elle avait ménagées au patriotisme des habitants du pays.

TRAVAUX PUBLICS.

Les travaux publics se divisent en trois classes : travaux du
génie militaire, travaux du génie maritime et travaux du génie
civil.

1° Génie militaire. Les travaux du génie militaire s'exécutent
pour la plupart dans l'arsenal de constructions militaires et navales établi à l'Assomption en 1855, au retour du général Lopez,
aujourd'hui président, d'un voyage en Europe. Il comprend des
ateliers de modèles, de fonderie et de moulage, de montage
et d'ajustage, de chaudronnerie et de ferblanterie, de scierie, de
charpenterie et de menuiserie, et enfin de forage des canons; des
machines à vapeur fixes ou mobiles mettent en mouvement les
divers mécanismes en usage dans ces ateliers.

Une fabrique de briques, à vapeur, une section spéciale destinée aux constructions navales et un atelier d'armurerie com-
lètent ce grand établissement national, auquel le Paraguay

est redevable de la plupart de ses moyens de défense dans la guerre actuelle.

La fonderie de fer établie à Ybicuy fournit à l'arsenal une grande partie des éléments qu'il met en œuvre. Les armements redoutables de la forteresse d'Humaïta et ses batteries de trois cents canons, qui couvrent le passage du Paraguay, ainsi que les défenses du poste avancé de Curupaïty, font voir combien le zèle et les travaux du génie militaire ont été utiles et effectifs dans ces derniers temps.

2° Génie maritime. La marine de l'État comprend une quinzaine de bateaux à vapeur dont la plupart ont été construits à l'arsenal. Certains de ces bâtiments ne mesurent pas moins de 65 à 70 mètres de longueur. Un ingénieur naval, plusieurs sous-ingénieurs et une série de maîtres et de contre-maîtres forment le personnel de l'administration de la section navale de l'arsenal.

3° Génie civil. Les travaux du génie civil comprennent les voies de communication réparties en trois classes : 1° le chemin de fer de Villa-Rica, 2° les routes, 3° les canaux.

Le chemin de fer de Villa-Rica part de l'Assomption et se dirige vers Villa-Rica, en passant par Trinidad, Luque, Areguá, Itaugua, Pirayu et Paraguary ; il traverse ainsi les parties les plus peuplées et les plus commerçantes du pays, sur une étendue actuelle de 72 kilomètres, qui sera portée au double par l'achèvement de la ligne. Un grand nombre de travaux d'art ont été nécessaires sur cette section, qui parcourt un pays accidenté ; des essences forestières excellentes, telles que le lapacho, l'urundei et le curupay, ont fourni les matériaux nécessaires pour la construction des ponts et pour les traverses de la voie ferrée.

Les routes ont été construites, en partie, du temps de Carlos Lopez. Parmi elles on peut citer celle qui relie la section exploitée du chemin de fer avec Villa-Rica ; celle qui relie cette dernière ville avec le confluent du Paraná et du Rio Grande de Curitiba, à travers les *yerbales* des anciennes missions ; la route percée à travers le mont Caio sur 48 kilomètres de long. et 5 mètres de larg., et enfin celle qui traverse le mont Palomares sur une longueur de 24 kilomètres et une largeur de 12 mètres.

Des canaux ont été ouverts sur divers points, mais plutôt dans un but de drainage ou d'irrigation que dans un but de communication.

Des chemins tracés sur les points où manquent les voies carrossables, des ponts jetés sur les torrents et des bacs organisés sur les rivières assurent toutes les facilités de transit désirables d'un point à l'autre du territoire.

C'est par des travaux de cette nature que le gouvernement paraguayen a prouvé sa sollicitude non-seulement pour la défense du pays, mais encore pour la sécurité, le bien-être et les relations commerciales de tous ses habitants.

GOUVERNEMENT.

Le gouvernement de la République se compose des pouvoirs législatif, exécutif et judiciaire.

1° Le pouvoir législatif est exercé par : 200 députés élus librement par le peuple.

Tout citoyen âgé de 25 ans et qui sait lire et écrire jouit des droits d'électeur.

2° Le pouvoir exécutif est exercé par un président, élu pour dix ans et assisté de quatre ministres secrétaires d'État : 1° le ministre des affaires étrangères; 2° le ministre de l'intérieur; 3° le ministre de la guerre et de la marine; 4° le ministre des finances. Le Président actuel est le maréchal don Francisco Solano Lopez, élu en 1862.

3° Le pouvoir judiciaire est exercé par un tribunal suprême et des tribunaux inférieurs.

CONCLUSION.

Nous croyons avoir établi deux choses dans cette notice : 1° le Paraguay, d'après sa position géographique, doit devenir l'entrepôt du commerce des régions méditerranéennes dont il est le centre. Situé sur deux grands fleuves, qui sont ses *seules* voies de communication avec le reste du monde, il est le protecteur naturel de la libre navigation de ces fleuves et de toute la navigation intérieure du bassin de la Plata, sur une étendue de 170,000 lieues carrées ; *l'existence du Paraguay est donc un fait économique nécessaire :* 2° le Paraguay, par son esprit d'initiative et d'entreprise, par sa bonne administration, par ses efforts pour s'élever au niveau des nations les plus civilisées, a montré qu'il savait apprécier justement sa situation : *le Paraguay est donc digne d'occuper la position qui lui est faite par ses conditions géographiques et économiques d'existence.*

Il nous reste, dès lors, simplement, à faire des vœux pour le prompt apaisement de la guerre, car elle retarde une prospérité que la richesse du sol de ce pays lui assure et dont l'énergie de ses habitants est un sûr garant.

L. TENRÉ,

Consul de la République du Paraguay,
Commissaire délégué à l'Exposition universelle,
Membre du Jury international.

L. BOUVET,

Secrétaire.

CATALOGUE.

Le jury international a décerné une **MÉDAILLE D'OR** à la République du Paraguay, pour l'ensemble de son exposition de produits forestiers et agricoles.

PREMIER GROUPE.

OEUVRES D'ART.

CLASSE V.

GRAVURES ET LITHOGRAPHIES.

Demersay (Dᵣ Alfred), à Châtillon-sur-Loing (Loiret).
Planches lithographiques de l'Atlas annexé par l'exposant à son Histoire du Paraguay.
(Voir classe VI.)

DEUXIÈME GROUPE.

MATÉRIEL ET APPLICATION DES ARTS LIBÉRAUX.

CLASSE VI.

PRODUITS D'IMPRIMERIE ET DE LIBRAIRIE.

Demersay (Dᵣ Alfred), à Châtillon-sur-Loing (Loiret).

Histoire physique, économique et politique du Paraguay et des établissements des Jésuites. Paris, 2 vol. in-8, avec Atlas de dix-huit planches teintées et deux Cartes.

Du Tabac au Paraguay. Culture, consommation et commerce. Paris, 1851, gr. in-8; deux Dessins.

Le Docteur Francia : sa Vie et son Gouvernement. In-4 à deux col. Paris, 1856.

Étude économique sur le Maté ou Thé du Paraguay. Paris, 1867, in-8.

CLASSE X.

INSTRUMENTS DE MUSIQUE.

Demersay (Dr ALFRED).

Sifflet en os, des Indiens Payaguàs.
Tambour à l'usage des Indiens des Missions.

TROISIÈME GROUPE.

MEUBLES ET AUTRES OBJETS DESTINÉS A L'HABITATION.

CLASSE XIV.

MEUBLES DE LUXE.

Gouvernement.

Table formée d'échantillons de marbres du Paraguay, offerte à S. M. l'Empereur des Français par le président actuel de la République du Paraguay, le maréchal D. Francisco Solano Lopez.

Cette table, remarquable par son exécution, l'est encore davantage par la variété des échantillons de marbres dont elle est composée et qui montrent combien de ressources pour la sculpture d'ornement se trouvent dans les gisements minéraux du Paraguay.

CLASSE XXI.

ORFÉVRERIE.

Demersay (Dr ALFRED).

> 3 calebasses pour prendre le *maté*.
> 1 calebasse de même nature, montée en argent, avec *bombilla* en argent.

CLASSE XXVI.

OBJETS DE MAROQUINERIE, DE TABLETTERIE ET DE VANNERIE.

> 1 boîte en cédrel (*cedro*) contenant de la sciure de *palo santo*, de la résine (*incienso*) obtenue au moyen de cette sciure, et des graines du même arbre.

QUATRIÈME GROUPE.

VÊTEMENTS (tissus compris) ET AUTRES OBJETS PORTÉS PAR LA PERSONNE.

CLASSE XXVII.

FILS ET TISSUS DE COTON.

Demersay (Dr ALFRED).

> 5 pièces d'étoffes en coton, savoir

1 pièce, étoffe commune, longueur 4^m,40
1   —   plus fine,   —   4^m,08
1   —   —   —   3^m,28
1   —   —   —   5^m,20
1   —   très-fine,   —   3^m,64

La première pièce vaut dans le pays 8 réaux la *vara* (86 centimètres); la dernière, 1 *peso* (5f,25) la *vara*. Les autres, représentant des qualités intermédiaires, ont des prix proportionnels à leur qualité.

CLASSES XXXIII et XXXIV.

DENTELLES, TULLES, BRODERIES ET PASSEMENTERIES. — BONNETERIE, LINGERIE ET ACCESSOIRES DU VÊTEMENT.

Gouvernement.

1 chemise à bordure noire, brodée.
1 jupon   —   —
1 écharpe de couleurs variées.
3 pièces de dentelle.

Demersay (Dr ALFRED).

1 pièce de dentelle des Missions (de 4^m,50).
5 serviettes brodées (*pañuelos de mano*) avec bordure de dentelles en *cribado*.

Ces serviettes (ou essuie-mains), longues d'environ 3 mètres, sont d'un usage général dans les pays du bassin de la Plata; elles sont garnies de très-larges broderies en *cribado*, sorte de dentelle que les femmes indigènes fabriquent en étirant les fils de l'étoffe : le prix des *pañuelos de mano* varie, suivant l'étoffe et la beauté du *cribado*, depuis 2 *pesos* (10f,50) jusqu'à 8-10 *pesos*.

1 linge à barbe garni de *cribado*.
1 chemise d'homme, col en calicot anglais.
1 chemise de femme (*typoy*) avec broderies en laine noire.
3 *calzoncillos* avec longues franges (*flechos*).

CLASSE XXXV.

HABILLEMENTS DES DEUX SEXES.

Demersay (Dr ALFRED).

Poncho en coton avec bandes bleues en laine.
Chiripa, coton et laine.

Ces deux objets viennent de la tribu des Indiens Guanàs.

CLASSE XXXVII.

ARMES PORTATIVES.

Demersay (Dr ALFRED).

1 arc et 9 flèches des Lenguas et d'autres tribus
indiennes.
1 couteau (*cuchillo*) monté en argent.
2 casse-tête (*macanas*) des Indiens Guanàs.
Lazo en cuir vert.
Bolas couvertes en peau d'iguane.

CLASSE XXXVIII.

OBJETS DE VOYAGE ET DE CAMPEMENT.

Gouvernement.

Hamac en coton.

Demersay (Dr ALFRED).

Hamac en coton.
Hamac en cuir vert (*crudo*).

CINQUIÈME GROUPE.

PRODUITS BRUTS ET OUVRÉS DES INDUSTRIES EXTRACTIVES.

CLASSE XL.

PRODUITS DE L'EXPLOITATION DES MINES ET DE LA MÉTALLURGIE.

Gouvernement.

Marbres du Paraguay.

(V. classe XIV.)

CLASSE XLI.

PRODUITS DES EXPLOITATIONS ET DES INDUSTRIES FORESTIÈRES.

Gouvernement.

Collection de bois de construction et d'ébénisterie de la République du Paraguay :

Noms des arbres.	Qualités, dimensions.	Usages des bois.
1. Quebrahacho,	grain serré,	fondations, carcasses de navires.
2. Urundei,	id.,	fondations, constructions.
3. Lapacho,	id.,	charpente de premier ordre.
4. Guayacan,	gros,	meubles.
5. Campêche,	id.,	id.
6. Urundei para,	grain serré,	sculpture, menuiserie.
7. Palo santo,	pas très-gros,	meubles et quelquefois constructions.
8. Taperiba guazú,	très-gros,	charpente, madriers.
9. Morosimo,	un peu gros,	charpente, menuiserie.

Noms des arbres.	Qualités, dimensions	Usages des bois.
10. Ybiraro,	gros,	charpente.
11. Laurel,	id.,	id.
12. Tataré,	pas très-gros,	id.
13. Algarrobo,	gros,	id.
14. Ybiraro-mi,	un peu gros,	menuiserie, meubles.
15. Ybira pita,	gros,	charronnerie.
16. Curupay,	id.,	menuiserie, meubles.
17. Cupaî,	id.,	id.
18. Palo-blanco,	id.,	madriers, charpente.
19. Peterebi-blanco,	id.,	construction.
20. Peterebi-negro,	id.,	id.
21. Cedro-liso,	solide,	construction, meubles.
22. Cedro-pará.	gros,	menuiserie, décoration.
23. Cedro-ra,	id.,	marqueterie.
24. Incienso,	id.,	ébénisterie.
25. Timbó,	id.,	charpente.
26. Guayabi,	petit,	manches d'outils.
27. Tatayiba,	gros,	ébénisterie.
28. Palo de Rosa,	pas trop gros,	menuiserie décorative.
29. Quirandi,	assez long,	id.
30. Palo-de-trevol,	id.,	ébénisterie.
31. Palo-Nazaré,	un peu fort,	menuiserie décorative.
32. Espinillo,	id.,	id.
33. Incienso amarillo,	gros,	charpente décorative.
34. Arrayan,	id.,	id.
35. Palma-negra,	pas très-gros, long,	fondations, madriers.
36. Palo-de-lanza,	pas très-gros,	madriers, meubles.
37. Iba poroiti,	un peu gros,	ébénisterie.
38. Paraiso,	id.,	id.
39. Curupaina,	id.,	id.
40. Ibira-irembi,	id.,	id.
41. Ingá,	id.,	id.
42. Timbo-blanco,	gros,	charpente, menuiserie.
43. Guavirá,	un peu gros,	menuiserie.
44. Ibirapepe,	gros,	id.
45. Ibiraju,	id.,	id.
46. Nangapirí,	un peu gros,	id.
47. Yuasié,	pas trop gros,	id.
48. Sapiranguy,	gros,	id.
49. Casita,	un peu gros,	id.
50. Canelon,	gros,	id.
51. Hapurú,	un peu petit,	ébénisterie.

Noms des arbres.	Qualités, dimensions.	Usages des bois.
52. Aguahi,	gros,	marqueterie.
53. Ybahay,	un peu gros,	ébénisterie.
54. Araticú,	id.,	id.
55. Ybapobó,	gros,	id.
56. Ybirapihu,	id.,	id.
57. Nandipami,	gros,	id.
58. Ybiranandi,	pas trop gros,	id.
59. Taruma,	gros,	id.
60. Guapoi,	id.,	id.
61. Sauce,	un peu gros,	id.
62. Naranjo dulce,	pas très-gros,	marqueterie, ébénisterie.
63. Naranjo agrio,	id.,	id.

Demersay (Dʳ ALFRED).

Collection de bois de construction et d'ébénisterie de la République du Paraguay :

Noms vulgaires.	Noms botaniques.	Familles végétales.
1. Cedro,	Cedrela brasiliensis,	Cédrélées.
2. Cedro colorado (var. rouge),	id.,	id.
3. Cedro blanco (var. blanche),	id.,	id.
4. Cedrona (Cedro castano, var. brune),	id.,	id.
5. Timboy (Timbò-uva du Brésil),		Mimosées.
6. Timboy colorado, rouge,		id.
7. Laurel,	Laurus,	Laurinées.
8. Taperyva-guazù, Tapereiva,	Laurus,	id.
9. Curiy, Pino,	Araucaria brasiliensis,	Conifères.
10. Ipe.		
11. Canela.		
12. Curupay,	Acacia angico; A. pirema,	Mimosées.
13. Curupay-na,		id.
14. Algarobo, Ibope,	Prosopis dulcis,	id.
15. Tiquirandi.		
16. Morosimo.		
17. Tatayiba, Palo de mora,	Morus,	Urticées.
18. Quebracho ou Quebrahacho blanco,		Apocynées.
19. Quebracho colorado (rouge),		id.

Noms vulgaires.	Noms botaniques.	Familles végétales.
20. Guayacan, Palo santo,	Gaïacum sanctum,	Rutacées.
21. id.,	id.,	id.
22. id.,	id.,	id.
23. Guayayvi, *Ipe - branco* du Brésil).		
24. Guirapia, Guirapia puña (Bonpl.).		
25. Ybiraro (*Ybira*, bois ; *ro*, amer),		Bignoniacées.
26. Curupicay,		Euphorbiacées.
27. Petereby,	Cordia?	
28. Petereby negro,	id.	
29. Incienso amarillo,	Amyris elemifera,	Térébinthacées.
30. Incienso colorado,	id.	id.
31. Ibira pepe,		
32. Palo blanco (bois blanc ; ce nom s'applique à diverses espèces).		
33. Urundey,		Mimosées.
34. Urundey para,		id.
35. Ybira hobi (bois vert).		
36. Cupay,	Copaïfera officinalis,	Papilionacées.
37. Lapacho, Ipe ou Tayy,		Bignoniacées.
38. Tatane (*Tata* feu, *ne* part. priv.).		Mimosées.
39. Guavira.		

40-41. Cangerana des Missions brésiliennes ; trois échantillons provenant du fût d'une colonne exposée à l'air libre depuis 1690. — Mission jésuitique de San-Borja (Brésil).

CLASSE XLII.

PRODUITS DE LA CHASSE, DE LA PÊCHE ET DES CUEILLETTES.

Demersay (Dr ALFRED).

Cana Huyba ou Uva (*Gynerium saccharoïdes ?* Graminées).

4 graines d'Aguaraibay (Térébinthacées).

6 plumes d'ara rouge, *araraca* des Guaranis.

2 dents de jaguar.

Sciure de palo-santo (gaïac) ; résine (*incienso*) extraite de cette sciure; et graines de palo santo.

CLASSE XLIII.

PRODUITS AGRICOLES NON ALIMENTAIRES, DE FACILE CONSERVATION.

Gouvernement.

1 écheveau de fibres de Caraguata.
1   —   —   Mbocaya.
Cocons et bourre de soie du ver à soie du ricin.
Collection de cotons égrenés et non égrenés.
Cinq échantillons de tabac en feuilles, des sortes suivantes : *Pito, Media hoja, Hoja regular, Hoja buena, Hoja doble.*
1 boîte de cigares *Peti-Hoby,* fabriqués à Villa-Rica.
10 paquets, petits cigares fabriqués à l'Assomption.
100 cigares, façon *Media Regalia,* tabac du Paraguay, fabriqués à Amberes.
100 cigares, façon *Londrès,* tabac du Paraguay, fabriqués à Amberes.
200 paquets de 50 cigares, façon *Brevas,* tabac du Paraguay, fabriqués à Amberes.
Tabacs en feuilles et en carotte, de las Valles.
Tabac en carotte de *Hoja Sara.*

Demersay (Dr ALFRED).

3 rouleaux de cigares.

Cette sorte n'entre pas dans le commerce.

CLASSE XLVI.

CUIRS ET PEAUX.

Demersay (Dr ALFRED).

2 peaux de jaguar, *yaguareté* des Indiens (*felis onça*, L.).
Peau de fourmilier ou tamanoir (*myrmecophaga jubata*).
Peau d'aguara-guazu (*canis rufus*, L.).
Peau de *leon,* couguar de Buffon.

SIXIÈME GROUPE.

INSTRUMENTS ET PROCÉDÉS DES ARTS USUELS.

CLASSE LV.

MATÉRIEL ET PROCÉDÉS DU FILAGE ET DE LA CORDERIE.

Gouvernement.

Corde en fibres de caraguata.

CLASSE LXII.

BOURRELERIE ET SELLERIE.

Demersay (Dr ALFRED).

Lazo en cuir vert (*crudo*).
Bolas, couvertes en peau d'iguane, attachées à des lanières de cuir vert.
Une paire de rênes (*riendas*).— 2 fouets (*rebenque*).
— Tétières.

Ces divers objets sont fabriqués en cuir vert tressé ; les rênes et les fouets sont, en outre, ornés de plumes de diverses couleurs.

SEPTIEME GROUPE.

ALIMENTS, FRAIS OU CONSERVÉS, A DIVERS DEGRÉS DE PRÉPARATION.

CLASSE LXVII.

CÉRÉALES ET AUTRES PRODUITS FARINEUX COMESTIBLES AVEC LEURS DÉRIVÉS.

Demersay (Dr ALFRED).

Farine de *mandioca dulce* (manioc).

CLASSE LXXII.

CONDIMENTS ET STIMULANTS. — SUCRE ET PRODUITS DE LA CONFISERIE.

Demersay (Dr ALFRED).

Yerba maté, ou thé du Paraguay ; divers échantillons, savoir :

Maté dans un bocal.
4 échantillons en sacs de cuir (*surones*).
2 échantillons dans des sacs en forme d'oiseaux.
1 échantillon dans un sac en forme de cheval.

L. TENRÉ,

Consul de la République du Paraguay,
Commissaire délégué à l'Exposition universelle,
Membre du Jury international.

L. BOUVET,

Secrétaire.

Paris. — Imprimerie de Mme Ve Bouchard-Huzard, rue de l'Éperon, 5. — 1867.

www.ingramcontent.com/pod-product-compliance
Lightning Source LLC
LaVergne TN
LVHW021639170726
843501LV00007B/2309